LUTTER TOUJOURS

DU MÊME AUTEUR

La Femme en marge, Flammarion, 1975
À cause d'elles, Albin Michel, 1985
Mais de quoi ont-ils peur ?, Albin Michel, 1995

YVETTE ROUDY

LUTTER TOUJOURS

Robert
Laffont

ISBN 978-2-221-24773-0
Dépôt légal : mars 2020

« Pour devenir une Marie Curie, il faut penser à autre chose qu'à soi. »

Simone de Beauvoir

« Vraiment, si les femmes avaient écrit des histoires comme l'ont fait les clercs dans leurs cabinets, elles auraient révélé tant de méchancetés masculines que tous les hommes entre eux ne pourraient les réparer. »

Chaucer, *Contes de Canterbury*

Préface

À la fin de ma vie, je m'interroge : qu'est-ce qui a fait de moi celle que je suis devenue ? Certaines rencontres particulières ? Celle avec Pierre, celles avec Colette Audry, Marie-Thérèse Eyquem, Simone de Beauvoir, François Mitterrand ? Ou bien ai-je tout simplement eu de la chance ? La chance de les croiser sur mon chemin et de reconnaître leur excellence ?

La chance, il faut savoir la saisir quand elle se présente. S'en saisir avec humilité. Une des plus merveilleuses choses de la vie est cette possibilité infinie de se transformer, d'avancer dans la connaissance du monde. Un jour, je me souviens, j'ai dit à Colette : « J'ai eu la chance de te rencontrer. » Elle m'a répondu : « Oui, mais tout le monde n'écoute pas comme toi. » Il se peut que j'aie su écouter.

Pourquoi ce livre maintenant ? La réponse est aussi simple que la question. Parce qu'avoir agi pour la cause des femmes, avec conviction et du mieux que je l'ai pu, ne me semble pas suffisant. Il reste encore beaucoup à faire, et peut-être les femmes, d'aujourd'hui et de demain, devront-elles le faire autrement.

Les inciter à réfléchir à cet « autrement » est sans doute le but des pages qui vont suivre.

Yvette Roudy, le 6 janvier 2020

La longue marche des femmes

La lutte des femmes est une longue marche, qui a de tout temps existé, portée par des anonymes, héroïnes que l'histoire officielle, privilégiant toujours les hommes, a fait tomber dans l'oubli.

Certaines, telles Olympe de Gouges, Simone de Beauvoir, Betty Friedan…, ont néanmoins traversé les époques et leurs noms sont devenus des symboles. Toutes ont en commun d'avoir questionné l'injustice de l'ordre établi. La marche des femmes est constituée de chacun de leurs pas, et des pas de toutes celles qui se sont rebellées contre leur condition.

Pour ma part, j'ai dédié ma vie à cette lutte. Je me suis d'abord rebellée contre mon père, ou du moins l'ai-je tenté. Puis contre ma condition de femme issue d'une classe populaire. Et enfin contre l'ordre social et politique.

Oui, j'ai été une perpétuelle révoltée.

Le féminisme n'est pas une bataille annexe. Il ne constitue pas un positionnement politique opportun, un outil de communication médiatique, un devoir d'opinion.

Non, il se situe au cœur de tout et, en cela, il est une nécessité absolue : rien ne justifie que la moitié de la population souffre et se soumette. Rien ne l'a jamais justifié.

Il y a plus de deux siècles, Olympe de Gouges, dans sa *Déclaration des droits de la femme et de la citoyenne*, revendiquait déjà pour ses paires « le droit de monter à la tribune », puisque les femmes avaient « le droit de monter à l'échafaud ». Elle fut guillotinée en 1793.

Ma mère et ma grand-mère n'ont jamais pu voter. Elles sont mortes avant d'en avoir le droit, sans avoir jamais connu la citoyenneté à part entière, le travail *libre* – ma mère ne prenait un emploi que lorsque mon père l'y autorisait. Elles ne possédaient aucun bien propre et n'eurent pas le temps de savoir ce que « disposer de son propre corps » signifie.

La marche des femmes vers la dignité, la reconnaissance et l'égalité progresse lentement, avec quelques avancées mais également des reculs aussi puissants que fréquents.

Elles arrivent de loin, celles qui luttent aujourd'hui. Même si, peut-être, on les entend davantage qu'hier, elles sont encore trop silencieuses, face aux millénaires d'oppression qu'elles portent.

Certains groupes, certaines organisations, certaines chapelles leur réservent encore le pire des sorts : soumission à l'ordre patriarcal, rejet des lieux de décision ou même, dans certains pays, interdiction de se déplacer seules. Leur autonomie n'est pas gagnée.

Pourquoi ne sommes-nous pas tous et toutes vent debout contre ces oppressions ?

Cette question n'est pas rhétorique, je la pose sincèrement.

Parmi celles et ceux qui me liront, certains m'auront oubliée. D'autres se souviendront peut-être de moi : de ma proximité avec François Mitterrand, de mon attachement pour le Parti socialiste, des mesures que j'ai tenté de faire adopter en tant que ministre, des échecs que nous avons essuyés mais aussi des réussites que nous avons célébrées.

Récemment, et c'est rare, une jeune femme m'a confié que sa mère lui avait longuement parlé des lois que j'avais portées, notamment celle sur le remboursement de l'avortement. J'ai reçu ses mots avec une réelle émotion et un véritable étonnement ; moi-même, j'ai oublié. Ou plutôt : je ne souhaite pas voir les choses de cette façon.

L'avortement gratuit, personne ne *me* le doit. Ce n'est que le résultat d'un combat collectif, d'une union inédite des femmes et d'un soutien des hommes, dans les années 1980. Sans l'ensemble de ces facteurs, nous n'aurions rien obtenu.

Je me suis toujours élevée spontanément devant l'injustice. Par conséquent, j'ai lutté contre toutes les conditions, quand elles ne faisaient qu'arbitrairement justifier une inégalité. Mon seul moyen de supporter les injustices de tous ordres fut de les combattre.

Un jour, Simone de Beauvoir, avec qui je devins tardivement intime, me dit : « J'ai beaucoup réfléchi et, maintenant, je sais qui vous êtes. Vous êtes une lutteuse, c'est là chez vous le trait dominant. » Elle avait raison.

Ce caractère et ce tempérament, je les porte depuis ma toute petite enfance. Bien sûr, ils se sont adoucis avec le temps, l'âge et l'expérience, mais surtout, ils se sont transformés. De la colère, je suis passée à la politique. La rébellion contre l'ordre établi est devenue un moteur. D'une énergie négative, j'ai fait une force positive.

Cette force ne m'a jamais quittée.

À l'âge de soixante-dix-huit ans, moi qui n'avais pas fait d'études, je me suis inscrite à l'université en vue de décrocher mon premier diplôme supérieur : un master en géopolitique. J'ai suivi des cours pendant deux ans, chaque samedi.

À quelques semaines de l'examen cependant – j'ai toujours trouvé cela significatif –, j'ai craqué, j'ai eu ce que je nomme une « défaillance » : j'ai cru que je n'y arriverais jamais. J'étais pourtant prête, j'avais été ministre, j'avais lu des milliers de livres sur tous les sujets. Malgré cela, j'ai paniqué et, un moment, j'ai songé à tout arrêter. J'avais intégré ma faiblesse au point de risquer de me laisser gagner par elle.

C'est l'amitié, le collectif, l'union solidaire qui, une fois de plus, m'ont sauvée. Une amie qui passait l'examen avec moi m'a secouée : « Tu ne vas pas me laisser y aller toute seule ! » Alors je me suis ressaisie. Et j'ai décroché ce diplôme.

À quatre-vingts ans, je suis allée défiler autour des Galeries Lafayette, pour protester contre l'exhibition de femmes en sous-vêtements dans une vitrine, mimant des tâches ménagères. En manifestant ainsi, je ne pouvais m'empêcher de songer : « Mais que fais-je ici ? N'est-ce pas la place des nouvelles générations ? » Pourtant, je suis restée jusqu'à la fin et, ce jour-là, j'ai compris que je ne m'arrêterais jamais.

Tant que je serai en vie, je lutterai ; et ce livre est une nouvelle face de ce combat.

Quand on est d'une certaine condition, d'une « basse extrace » comme le disait Villon, alors on s'insurge. Non pas pour se venger ou pour rejoindre le haut du panier et priver à son tour les autres de ce que l'on possède, mais pour que la vie de tous soit plus juste.

C'est ce qui distingue la vengeance de la lutte : la première a une fin, la seconde est éternelle. Elle s'élargit sans doute, prend une ampleur inédite, devient le moteur de multiples mouvements et pensées. Elle devient innée, comme une manière ordinaire de vivre.

Ce fut le cas pour moi. Cette philosophie de la lutte m'a gagnée. Alors, tous les livres et les articles lus, toutes les rencontres, tous les débats… tout est venu nourrir cette pensée.

On peut passer toute son existence à côté d'un réveil. Rater la prise de conscience. On peut ne jamais se questionner, douter, s'interroger et accepter simplement la société telle qu'elle est, le monde tel qu'il est, ou plutôt tel qu'on nous l'a dépeint.

Il est toujours plus aisé, voire tentant, d'accepter sa condition. De se limiter au pré carré que la société demande à chacun d'habiter, sans jamais en franchir les limites. D'être la femme qu'on exige qu'on soit. D'être le sans-abri, l'immigré, l'étranger tel qu'on nous le réclame.

On peut très vite, sans s'en rendre compte, intégrer son sort, se soumettre, rester passif ou, pire, se résigner. Et oublier ainsi que le champ des possibles est vaste et qu'il reste à conquérir.

Il faut refuser et fuir à tout prix cet échec. Il faut rester sans cesse vigilant et se raccrocher à ses rêves et suivre ce qui, au fond de nous, nous indigne.

La révolte permanente est salutaire et doit s'exercer contre tous les ordres établis.

Rien ne justifie jamais que l'on souffre d'une injustice. Rien ne justifie que les femmes gagnent moins. Qu'elles meurent sous les coups de leurs compagnons. Qu'elles doivent coucher pour réussir.

Rien ne justifie qu'une révolte ne vienne pas bousculer cet univers.

Colette Audry, que j'évoquerai plus longuement dans les pages qui suivent, était une grande écrivaine que l'histoire de la littérature a mal reconnue. J'ai eu la chance d'être son amie et d'être ainsi nourrie, formée par sa culture et sa pensée.

Colette, dans *Derrière la baignoire* (1962), a merveilleusement décrit le mouvement de l'âge : « La vie nous rattrape par la manche et s'agrippe dur. Tous les printemps redeviennent neufs. On aime ce qui se présente et on s'attendrit comme on n'avait jamais pensé le pouvoir. Les larmes vous montent aux yeux et les souvenirs gonflent le présent à le faire craquer. On se sent plus jeune que jamais et c'est ça la vieillesse. »

J'ai quatre-vingt-dix ans et je dis désormais sans crainte que ma fin n'est plus loin. Je le dis sans pathos ni mélancolie : mon horizon se réduit quand celui des plus jeunes grandit, c'est dans l'ordre des choses. Laisser sa place aux autres, passer son tour, regarder la relève : à mon âge, c'est ordinaire.

L'unique question qui me taraude est celle-ci : que laisser aux futures générations ? Que leur donner puisque Marie-Thérèse Eyquem, Colette Audry, Simone de Beauvoir et tant d'autres compagnes de lutte sont parties ? Un message, un souffle, des espoirs ? En tout cas quelque chose, le témoignage du pas que nous avons accompli dans cette longue marche des femmes.

Transmettre comment une poignée de féministes a fait trembler les murs est un devoir. Raconter comment nous avons fait pour réparer quelques injustices, comment aussi nous avons échoué, comment nous avons souffert, comment nous nous sommes battues est une nécessité.

Parce que rien n'est jamais acquis.

La marche des femmes – luttes et peines – est une marche lente et difficile. Le temps où l'avortement était proscrit, où les bancs de certaines universités étaient interdits, où l'accès même aux études était déconseillé n'est pas si loin. Sur l'échelle de l'humanité, nous n'en sommes qu'au premier degré. Le Moyen Âge, notre Moyen Âge à nous, a duré jusqu'à tout récemment.

L'histoire politique tout entière se caractérise par son exclusion des femmes. En France, elles n'ont obtenu le droit de vote qu'à la fin de la Seconde Guerre mondiale grâce à un général ; les Françaises sont donc devenues des citoyennes à part entière bien plus d'un siècle après les hommes.

La loi salique, qui remonte à Clovis, empêchait toute fille de roi de monter sur le trône. C'est sur cette ancienne tradition que les hommes de la Révolution française se sont appuyés en 1793 pour justifier leur hostilité à l'arrivée des femmes en politique. À cela se sont ajoutées les interdictions du Code Napoléon instaurant le patriarcat, transformant carrément l'épouse en bien de son époux.

Si aujourd'hui la domination masculine n'est plus formellement inscrite telle quelle dans les lois, elle est toujours dans les têtes de nos dirigeants. Ils ont bien entendu admis que le monde avait changé, que les femmes aussi avaient changé, mais ne sont pas prêts pour autant à céder leurs privilèges. Chaque nouveau droit que nous, les femmes, acquérons est encore perçu par certains comme un droit qu'ils perdent.

Deux millénaires de culture machiste et sexiste ne s'éradiquent pas en quelques décennies. Il faudra encore des années, que dis-je, des siècles pour déraciner la mauvaise graine misogyne à partir de laquelle notre monde a poussé.

Les droits des femmes progressent lentement, sous la poussée notamment d'une poignée de féministes et de quelques hommes soucieux d'égalité. Mais ce n'est plus suffisant.

Femmes et hommes de demain, questionnez les injustices, battez-vous sans relâche pour les résorber. Parce que, de toutes les crises majeures et inédites que l'humanité s'apprête à affronter, qu'elles soient écologiques, économiques ou sociales, seule l'égalité nous sauvera.

1

Femmes mystifiées

J'ai récemment relu *La Servante écarlate*, de Margaret Atwood, ouvrage découvert lors de sa sortie en français. Sa suite, *Les Testaments*, a paru en 2019. J'ai appris que ces livres étaient des succès populaires et cela ne m'a aucunement étonnée. Si l'imaginaire de l'auteure m'a surprise par moments, sa terrible fiction porte en elle quelque chose de vrai, pire encore : quelque chose de possible.

De fait, un monde où les femmes seraient traitées de cette façon, infériorisées jusqu'à être esclaves, est un horizon envisageable. Ça l'était il y a quelques années, lorsque j'ai commencé la politique et que nous n'avions pas les mêmes droits. Ça l'est encore de nos jours.

Notre société suit un mouvement double, apparemment contradictoire, mais qui, à l'observer de plus près, ne l'est en rien. Il s'agit simplement du combat de deux forces en place depuis des siècles et d'une hiérarchie fondée sur la force musculaire. Chaque époque est déterminée par sa puissance et sa volonté mise à combattre l'une ou l'autre.

D'un côté, il y a le mouvement du progrès social. Indéniable aujourd'hui pour les femmes. Il existe bien chez elles – et chez quelques hommes – une nouvelle conscience d'elles-mêmes qui s'exprime dans notre pays comme ailleurs dans le monde. Je prendrai pour exemple le référendum irlandais de mai 2018 sur l'avortement, ou encore le mouvement #MeToo. Des femmes, en ouvrant la voie sur les réseaux sociaux, ont confirmé leur volonté, leur besoin d'aller de l'avant.

La médiatisation récente des féminicides en atteste tout autant : ceux-ci ont de tout temps existé, ils n'ont pas empiré avec la modernité, mais l'opinion s'est enfin accordée à les considérer comme un phénomène, et non plus comme des faits divers. Cela ne les empêche en rien – chaque année, plus d'une centaine de femmes meurent sous les coups de leurs conjoints –, mais cela témoigne d'une prise de conscience réelle de la part des femmes.

En France, les femmes représentent la moitié du gouvernement en place. Elles ont accès à des postes de direction, ont le droit d'avorter et défendent ce droit, elles font des études, sont diplômées, peuvent être chauffeures de bus ou écrivaines.

Dans de multiples champs – droits, politique, travail… –, pas de doute : il fait meilleur être une femme aujourd'hui qu'à mon époque ou à celle de ma mère. Les avancées sont considérables, mais ne sont rien d'autre que des étapes du progrès général de l'humanité.

Pour autant, ces acquis sont-ils solides ? Intangibles ? Ce mouvement suit-il la courbe du temps ?

Je ne le crois pas.

Tandis que, en Irlande, l'avortement était légalisé, Malte, la Pologne et Andorre le refusent toujours à leurs citoyennes (je parle ici des avortements sur demande, sans justifications judiciaires ou médicales à apporter). En 2017, seuls six pays africains sur cinquante-trois l'avaient légalisé. En Amérique latine, il n'est presque partout autorisé que sous conditions.

En France, les inégalités professionnelles entre les sexes sont encore flagrantes. Le salaire féminin est d'« un quart en moins », comme le dit le titre d'un ouvrage de Rachel Silvera ; côté retraite, les femmes perçoivent plus de 25 % de moins que les hommes.

Quant aux violences sexistes, sexuelles et conjugales, je ne citerai que le chiffre si parlant de 2017 : cette année-là, un peu moins de cent mille femmes majeures déclaraient avoir été victimes de viols et/ou de tentatives de viol, neuf sur dix d'entre elles connaissaient l'agresseur. Et je ne parle pas de celles qui n'ont jamais passé la porte d'un commissariat de police.

Cent mille, c'est le nombre d'habitants d'une ville moyenne : imaginez que l'ensemble de la population de Poitiers ait été violée, ou agressée, en une année.

La longue marche se fait encore en marge, à contre-courant. Le mouvement est double car au progrès s'oppose une autre force, contradictoire et réactionnaire. Une contre-révolution, réelle autant qu'identifiable, se prépare et gronde dans le monde entier.

De l'autre côté de l'Atlantique, les Américains ont élu Donald Trump à la tête de leur pays. Ce sont pourtant les États-Unis qui avaient vu fleurir dès les années 1920 une des premières vagues féministes, accordant même le droit de vote aux électrices bien plus tôt que dans l'Hexagone. Le Wyoming fut le premier État à le faire.

Aujourd'hui, dans un livre intitulé *All the President's Women* (Toutes les femmes du président), Donald Trump est accusé par vingt-six femmes d'agression sexuelle. Avant son élection, n'avait-il pas dit d'elles qu'il fallait les « traiter comme de la merde » ?

Le vice-président des USA, Mike Pence, est quant à lui un créationniste ; une idéologie qui n'accorde qu'un seul rôle bien précis à la femme : la procréation. Dans sa lecture archaïque de la Bible, la femme porte le péché originel. Dans un spot diffusé sur le petit écran, il dit : « Je rêve du jour ou Roe v. Wade [décision de la Cour suprême ayant légalisé l'avortement en 1973] rejoindra les poubelles de l'histoire. »

Alors je m'interroge : pourquoi un tel recul ?

Pourquoi des pays ayant assisté et permis la marche des femmes reviennent-ils ainsi des décennies en arrière ?

Je n'ai pas fait d'études et j'ai passé le bac à vingt-six ans. J'ai eu la chance d'apprendre l'anglais lorsque j'ai accompagné mon mari, Pierre

Roudy, en Écosse. Nous avions alors à peu près une vingtaine d'années et c'était la première fois que je quittais la France.

À Glasgow, j'ai d'abord vécu pendant des mois dans ce que j'ai nommé une sorte de « brouillard linguistique ». Le mot traduit ma sensation : je ne comprenais rien mais, comme on aperçoit parfois la lumière d'un phare dans le brouillard, je retenais çà et là un nouveau terme de vocabulaire dont j'entendais soudainement le sens, ou presque.

Cela donnait lieu à des scènes assez cocasses, dont Pierre se réjouissait. Je me souviens encore de ce jour où, voulant demander à notre logeuse l'autorisation de faire un peu de lessive, je lui avais en réalité, confondant *washing* et *washing up*, proposé de l'aider à faire la vaisselle. Mon époux s'en était beaucoup amusé, moi un peu moins. J'étais revenue dans notre appartement les mains trempées, rouge de colère.

Au bout de trois mois pourtant, je parlais anglais. Pas suffisamment bien pour entretenir une conversation avec une autre personne que le conducteur de tramway – un homme que j'appréciais beaucoup au demeurant –, mais assez pour sortir et me rendre à la bibliothèque. Je découvris alors les merveilleuses *librairies* britanniques : il y en avait partout, il y faisait chaud et elles étaient pourvues de littératures auxquelles nous n'avions pas ou peu accès de l'autre côté de la Manche.

Je découvris ainsi Virginia Woolf et lus *Une chambre à soi* dans la langue. En 1928, l'écrivaine est invitée dans deux *colleges* de femmes à Cambridge pour donner une conférence sur les femmes et la fiction. Un an plus tard, ce travail devient *A Room of One's Own*. Virginia Woolf, élevée dans un milieu intellectuel, avait vu chacun de ses frères quitter le domicile familial pour suivre des études dans des universités où il n'y avait aucune place pour elle. Une chambre à soi, pourquoi ? Car c'est ce dont les femmes furent privées dans l'histoire. Jane Austen elle-même dut écrire dans le salon commun, elle n'avait nulle part où se retirer : « Jane Austen cachait ses manuscrits ou les recouvrait d'une feuille de papier buvard. »

C'est aussi là, dans cette grande bibliothèque de Glasgow, que j'ai rencontré les premiers auteurs américains. Tout un monde que je ne connaissais pas s'ouvrait à moi. Et je le pense encore aujourd'hui : découvrir les États-Unis par les livres était certainement la meilleure façon de les comprendre. Peu de sensations sont comparables à celle de découvrir, grâce à Steinbeck, la Californie, ses grandes étendues, la violence des rapports humains…

C'est également dans ces bibliothèques que j'ai rencontré la littérature du Sud des États-Unis. Je me suis immédiatement prise de passion pour cette culture que je rapportai avec moi après notre départ de Glasgow vers Bordeaux. William Faulkner, Nathaniel Hawthorne, William Styron, Richard Wright, ces romanciers me captivaient. Tout comme l'histoire, la culture et la situation des Noirs américains que je découvrais du même coup. J'y voyais alors bien des similitudes avec les femmes.

Les mouvements politiques afro-américains me fascinaient et plus particulièrement un de leurs leaders : Martin Luther King. J'avais un peu plus de trente ans quand il a prononcé *I have a dream*. Quelle ne fut pas ma surprise lorsque j'ai appris, des années plus tard, que la plus belle partie de son discours avait en réalité été improvisée, après qu'une chanteuse de gospel lui eut suggéré de simplement parler à l'auditoire de son propre rêve.

Mon mari est mort en 2012. Notre appartement devenu trop grand pour moi, j'ai décidé de déménager. Problème : nous possédions une immense bibliothèque, pleine de tous ces livres qui nous avaient nourris, accompagnés, formés. Pierre était, comme moi, passionné de littérature. Nos trois mille ouvrages n'allaient pas rentrer dans mon nouveau trois-pièces.

J'ai donc beaucoup jeté, mais j'ai conservé intact mon rayon consacré à Virginia Woolf, François Mitterrand, Simone de Beauvoir et, bien sûr, Martin Luther King. Je ne pouvais pas m'en séparer.

Les romanciers, intellectuels et militants afro-américains nous ont tant appris et ont tant à nous enseigner. Toni Morrison, qui nous a quittés récemment, en est autant la preuve que Martin Luther King.

Je me rappelle encore notre rencontre lorsque, ministre, je l'avais invitée en France pour la journée du 8-Mars. C'était quelques années avant la publication de son grand *Beloved.* Je lui avais organisé une tournée dans l'Hexagone et nous l'avions reçue au ministère.

Ta-Nehisi Coates, un journaliste et auteur afro-américain plus contemporain, s'inscrit dans la même ligne intellectuelle et politique.

Le public français l'a notamment découvert après la publication de son texte *Une colère noire – Between the World and Me* –, conçu comme une longue lettre à son fils. Dans celle-ci, l'auteur retrace l'histoire des États-Unis en montrant combien la culture américaine est empreinte de violence raciste.

Plus récemment, après l'élection de Donald Trump, Ta-Nehisi Coates a publié *Huit ans au pouvoir – We Were Eight Years in Power* –, un ouvrage qui renvoie aux huit années de la présidence de Barack Obama, mais pas seulement. Les huit ans du titre font également référence aux années dites « de la Reconstruction » suivant la guerre de Sécession.

Cette époque mal connue de la fin du XIXe siècle est celle de la réintégration des États du Sud, perdants de la guerre, au sein de l'Union. Pour cela, ils sont contraints de repenser leur Constitution, de la refondre presque entièrement afin d'y faire mentionner, notamment, la nouvelle égalité des droits entre leurs citoyens, y compris les anciens esclaves. Dans le même temps, les hommes politiques du Nord gèrent les États membres non encore confirmés, avec l'aide de Noirs fraîchement élus maires, députés ou sénateurs ; grande nouveauté pour ce pays.

Parmi eux : Thomas Miller, député de Caroline du Sud au Congrès, l'un des derniers à être élu, en 1889. Deux ans après son élection, retournement de situation, les Noirs sont interdits de vote dans cet État, comme dans le Mississippi et les autres de la Reconstruction. Cette ségrégation politique n'est que la première des violences qu'ils subiront.

Durant toute la période qui suit, les Noirs paient le prix fort d'avoir voulu les mêmes droits, d'avoir songé à l'égalité raciale. En d'autres mots, ils sont « remis à leur place » par les anciens sécessionnistes, qui récupèrent, par la force, leur supériorité légale et politique – ségrégation, Ku Klux Klan, lynchage judiciaire. Après la révolution donc, la contre-révolution.

Ta-Nehisi Coates entame *Huit ans au pouvoir* par un discours de Thomas Miller tenu en 1895, soit six ans après son élection, devant la convention nationale de Caroline du Sud. Il y prononce ces mots : *We were eight years in power*, et rappelle le travail accompli par les Noirs les années où ils l'ont pu.

Reconstruction, Rédemption. Barack Obama, Donald Trump. Ta-Nehisi Coates nous demande donc : le prix à payer d'une « bonne présidence noire » serait-il la radicalité blanche ?

Les Noirs, la population dominée, effraient-ils les Blancs quand ils font de la politique, montrent qu'ils en sont capables et que donc les institutions de Washington et de Wall Street leur sont accessibles ? Quand ils prouvent toute la fantaisie de la domination raciale ?

Selon Ta-Nehisi Coates, quand les dominés prennent trop de droits, acquièrent trop de position, de pouvoir et sortent de leur place en marge pour intégrer le centre, ils risquent toujours d'en payer le prix fort.

Lorsque nous sommes rentrés de Glasgow avec Pierre, dans les années 1950, j'ai entrepris de faire des travaux de traduction. D'abord dans un bureau, au sein d'une entreprise pour laquelle je traduisais des textes techniques. Puis, parce que je m'ennuyais profondément, j'ai décidé de le faire directement depuis chez moi, ce qui me permettait de perdre moins de temps et de poursuivre mes lectures.

Plus tard, ayant compris combien la littérature constituait la voie la plus efficace de l'émancipation, je me consacrai à la création d'une bibliothèque au Parc d'Ardenay, à Palaiseau, où j'avais suivi mon mari, enseignant à Savigny-sur-Orge.

C'est cet emploi de traductrice qui allait marquer un tournant dans ma vie, un des plus importants. En 1964, je rencontrai Colette Audry, grande intellectuelle de son temps, personnalité des lettres et militante féministe et socialiste. Un fait parmi ce qui l'a rendue célèbre notamment : en 1953, Françoise Sagan lui soumet son manuscrit de *Bonjour tristesse* ; elle lui conseille de revoir la fin et lui recommande trois éditeurs, dont un qui deviendra le sien, Julliard.

En 1964, Colette Audry est chargée de diriger aux éditions Denoël une collection intitulée « Femmes ». Je ne connais alors rien d'elle, sinon qu'elle a obtenu le prix Médicis pour *Derrière la baignoire*. Mais dans le monde de la littérature, largement dominé par les hommes, elle est alors la première à proposer des ouvrages, francophones ou traduits, tous écrits par des femmes. Parmi ceux-là, *The Feminine Mystique* de Betty Friedan, dont elle me commande la version française, qui paraîtra sous le titre *La Femme mystifiée*.

Colette Audry est une des précurseures, en France, de ce qu'on nommera la « deuxième vague du féminisme ». Après la Seconde Guerre mondiale et l'obtention, pour nombre de pays du Nord, d'avancées considérables en termes de droits pour les femmes, notamment la citoyenneté et le droit de vote en France en 1944, une femme reste une épouse, mère au foyer avant tout, ce qui « justifie » nombre de discriminations. La deuxième vague se lèvera, entre autres, contre cette vision de la femme.

Simone de Beauvoir sera évidemment le fer de lance du mouvement, j'y reviendrai car la lecture du *Deuxième Sexe* fut pour moi une révélation, comme pour Betty Friedan.

C'était la première fois que j'étais chargée d'un tel travail. Traduire un essai, pour moi qui avais appris l'anglais presque seule et bien tardivement, était une gageure.

The Feminine Mystique avait rencontré un énorme succès aux États-Unis lors de sa parution en 1963 et il fut pour moi, comme pour les Américaines, une véritable découverte. Pour son étude, Betty Friedan avait réalisé des dizaines d'entretiens avec ses anciennes camarades de promotion d'université. Elle avait comparé ensuite ce que chacune était devenue, en le mettant en perspective avec le discours des médias, la littérature et la psychologie.

Que constate-t-elle ? Ses anciennes camarades sont toutes diplômées, mais pour la plupart ne travaillent pas, et surtout elles souffrent toutes d'une certaine mélancolie. Elles ont « choisi » d'être femmes au foyer mais n'en tirent aucun plaisir profond. Au contraire, elles rêvent de mieux et leur malheur vient de vivre en dessous de leurs capacités.

Cette constatation m'était presque familière. Elle correspondait à ce que je pouvais noter des femmes qui m'entouraient. Nombre d'entre elles avaient arrêté leurs études pour élever leurs enfants, quand les autres avaient abandonné leur poste pour s'occuper du foyer. C'était la mode, à l'époque, d'être une bonne épouse. Et certaines tentaient tant bien que mal de suivre cet exemple, ce qui donnait lieu à de graves malaises.

Une des questions que se pose Betty Friedan est : pourquoi ces femmes, alors que le mouvement féministe des années 1920 leur avait donné accès aux études, à l'université, au travail et à la politique, bref leur avait permis de s'émanciper, n'ont-elles pas choisi de poursuivre une carrière, d'être autonomes financièrement et de s'épanouir ?

Les réponses sont multiples et énoncées de façon bien plus complexe dans *La Femme mystifiée*. Mais selon la thèse de Betty Friedan, la faute en reviendrait notamment aux publicitaires – la femme était alors la cible commerciale des produits électroménagers, fabriqués en masse à l'époque – et aux médias ambiants, ayant véhiculé durant des décennies une image de la femme épanouie dans son foyer. L'éducation des femmes depuis les années 1940, nous dit Betty Friedan, a aussi indéniablement joué son rôle : dans les écoles de filles, on se concentre sur des enseignements concernant le mariage, la famille ou d'autres sujets attribués à leur sexe.

En bref, selon Betty Friedan, après la révolution des années 1920 s'est imposée la contre-révolution des années 1950.

Ce qui rejoint donc la thèse de Ta-Nehisi Coates : à chaque révolte des opprimés, une contre-révolte ; un mouvement réactionnaire qui tire vers l'arrière et dont il faut sans cesse se méfier.

De la même façon, dans *La Servante écarlate* de Margaret Atwood, les femmes en marge – celles qui questionnent de fait l'institution du mariage parce qu'elles sont célibataires, en concubinage, lesbiennes, etc. – sont les plus sévèrement punies et châtiées à Gilead, État symbole de l'oppression.

On peut donc voir les choses ainsi : plus la révolution des femmes et des opprimés sera en marche, plus la contre-révolution menacera, incarnée par Donald Trump, les extrémismes religieux qui se répandent partout dans le monde, les droites radicales…

Et si ces idéologies réactionnaires étaient des retours de bâton ? S'il importait de remettre en place l'ordre de toujours : celui qui confère arbitrairement aux hommes leur supériorité sur les femmes ?

La situation actuelle a des racines anciennes et répond à une nécessité d'équilibre de notre société. De fait, celle-ci se fonde sur l'exploitation et la violence, et la condition inférieure de la femme n'y est qu'une inégalité parmi d'autres, maintenue en place par une petite minorité au détriment de la majorité.

Il m'arrive d'être très pessimiste quant au futur. Existe-t-il un moyen de changer les choses, l'ordre des choses, de façon longue, pérenne et définitive ?

Je ne le crois pas. Alors, que nous reste-t-il ?

La lutte encore, et la politique.

2

Femmes engagées

Je me souviens parfaitement de mon premier vrai 8-Mars, au sens où on le fête aujourd'hui.

C'était en 1982, il y a trente-huit ans déjà. Le Parti socialiste avait été élu neuf mois plus tôt après dix-huit années dans l'opposition et j'étais l'une de ses membres depuis sa création en 1971, étant venue à la politique par le féminisme.

En 1964, lorsque je traduisais *La Femme mystifiée*, le texte de Betty Friedan, je rendais visite à Colette Audry chaque semaine. Elle m'impressionnait : ses amis s'appelaient Paul Nizan, Simone de Beauvoir, Jean-Paul Sartre. Un monde auquel je n'avais alors accès que par les livres.

Pendant presque une année, j'allais donc chez Colette rue du Ranelagh. Je la revois encore m'ouvrant la porte, drapée dans une robe de chambre brune de laine des Pyrénées. J'apportais mes feuillets comme une bonne élève et lui montrais ces pages de traduction rigoureusement écrites. Nous nous asseyions ensuite à son bureau, puis, mot après mot, nous les corrigions.

Travailler sur un texte avec elle était un véritable plaisir. Elle avait le souci pointu de la langue. Enseignante de qualité, elle ne faisait jamais la leçon, n'usait jamais de son autorité. Avec Colette, les relations étaient toujours égalitaires.

C'est grâce à elle que j'ai compris combien traduire signifie entrer dans la pensée de quelqu'un. Betty Friedan n'était pas toujours très claire, et nous avions parfois bien de la peine à saisir sa pensée pour la retranscrire en français.

Dans l'appartement de la rue du Ranelagh, je remarquais des dizaines de journaux, papiers et tracts dispersés en vrac. Au début, je n'osais pas déchiffrer leur contenu. Mais les semaines avançant, j'y jetais parfois un œil : « Mouvement démocratique féminin ». Je ne savais pas ce que c'était, je n'en avais jamais entendu parler. Alors, la semaine de remise définitive du manuscrit approchant, je lui demandai : « Pourrais-je adhérer à ce club ? »

À cette époque, le féminisme revenait timidement sur la scène publique – nous étions au début de la deuxième vague. Le droit de vote avait été donné aux Françaises, l'égalité des sexes avait été inscrite dans la Constitution, les enjeux étaient désormais de l'appliquer dans les sphères du travail, de la citoyenneté et de la parentalité.

La pilule contraceptive étant commercialisée aux États-Unis depuis 1960, un mouvement se constituait en métropole pour la légaliser. Marie-Andrée Lagroua Weill-Hallé, gynécologue, et Évelyne Sullerot, militante contre l'Algérie française, avaient en 1956 fondé la Maternité heureuse, devenue en 1960 le Mouvement français pour le planning familial.

De son côté, le juriste Jean Carbonnier militait pour l'égalité civile depuis des années. Un combat qui allait aboutir à la fin des années 1960 à la loi sur les biens des femmes mariées et celle concernant le remplacement de l'autorité paternelle par l'autorité parentale.

Colette Audry, tout comme Marie-Thérèse Eyquem, dont je ferais alors la connaissance, faisaient partie d'une nouvelle génération de femmes révoltées et plus radicales. Elles allaient donner naissance à un féminisme politique encore balbutiant. Et à une femme politique : moi.

Je dois beaucoup à ces deux femmes : l'une, une grande pédagogue, m'a ouvert la voie de la traduction et de la théorie ; l'autre m'a enseigné le combat, l'action et la stratégie.

Elles auront été pour moi et pour beaucoup des « maîtres ». Et tandis que j'écris ce mot, je sens bien que ce n'est pas celui que je devrais employer. Il n'est pas juste. Il en faudrait un autre au féminin. Mais je ne peux plus les consulter là-dessus, les appeler comme cela m'arrivait si souvent. Comme je l'ai dit lors des obsèques de Colette Audry : « J'ai du mal à renoncer à tendre le bras vers le téléphone. »

C'est peu de temps après la remise finale de ma traduction de Betty Friedan que Colette m'a présentée à Marie-Thérèse Eyquem, présidente du Mouvement démocratique féminin, en 1964. J'ai tout de suite remarqué combien ces deux femmes seraient complémentaires dans ma formation : la première était une intellectuelle, une femme de discussion, de réflexion ; la seconde était une militante chevronnée.

Fondé par elles, avec Simone Menez et d'autres femmes de gauche, socialistes ou plus radicales, le Mouvement démocratique féminin était un de ces clubs nés comme tant d'autres dans les années 1960. À cette époque où les partis étaient complètement atomisés, les clubs offraient des espaces plus restreints d'échanges et de discussions, moins sclérosés par les luttes internes.

Pour moi, ce fut le début de la grande aventure. D'entre toutes, j'étais la plus jeune. J'avais trente-quatre ans. Elles étaient bien plus âgées que moi. Je participais pourtant aux discussions, elles me laissaient la place, la parole. Je débattais, je me formais, j'apprenais à penser le monde autrement.

Je dirais que c'est Colette Audry qui, la première, m'a appris à formuler la pensée que je portais intuitivement. J'étais déjà, je le crois, instinctivement féministe, mais on m'enseignait là les formules qui me permettaient enfin de théoriser le féminisme.

Je comprenais comment transformer la rancœur que j'avais contre mon père en pensée politique. Mon sentiment à moi n'était que le reflet d'une injustice sociale profonde. Et les femmes avec qui je militais partageaient cette vision.

Nous avions toutes des parcours et des origines différents, mais nous nous réunissions autour d'un projet commun : l'égalité des sexes. Certaines femmes, comme Colette Audry, avaient eu la chance de faire des études et venaient d'un milieu moins modeste. D'autres, comme Marie-Thérèse Eyquem et moi, avaient dû tout arrêter pour travailler – pour moi, parce que mon père en avait décidé ainsi. Il avait jugé, de fait, que les études ne me seraient pas utiles. Pour notre famille dans le besoin, seul l'argent l'était. Le calcul était donc simple : les études ne nous en rapporteraient pas, du moins pas dans l'immédiat. L'émancipation, l'intelligence, la culture ne se comptaient pas en billets, elles n'avaient donc aucune valeur.

J'ai grandi à Pessac, non loin de Bordeaux, dans une maison modeste. Je garde de mon enfance un souvenir sombre. Petite fille déjà, j'étais face à une double injustice. La première était celle de ma classe sociale : nous étions pauvres mais résidions dans les beaux quartiers de Pessac. Si bien que, de tous les gens qui nous entouraient, nous étions indubitablement les plus précaires. Cela se voyait sur tout, et nous sentions en permanence le regard condescendant des autres sur nous. Je me souviens ainsi que les plus riches de la ville appelaient mon père « mon brave » et il soulevait son béret. Il était pauvre et gentil avec les voisins, qui le percevaient comme un misérable à plaindre. Je détestais leur regard sur lui et sur nous.

Si nos voisins regardaient mon père de haut, lui nous regardait, ma mère, ma sœur et moi, depuis sa hauteur d'homme.

L'injustice faite à mon sexe était la deuxième que j'avais à affronter. Il fallait obéir à mon père, le servir, lui céder ce qu'il voulait. Il incarnait l'autorité paternelle dans ce qu'elle a de plus absolu.

Dans notre famille donc, sous l'autorité de ce maître, seul le travail comptait : bois, feu, courses, cuisine, entretien, ménage. Le « travail bien fait » était notre unique valeur, celle des « braves ».

Seuls mon frère et lui s'accordaient de temps à autre des moments de récréation. Pour mon aîné, c'étaient les jeudis et les dimanches ; il avait le droit de sortir avec ses camarades. Ma sœur et moi restions alors à la maison pour nous occuper de notre mère, tombée gravement malade.

On m'a plus d'une fois dit après sa mort combien elle était belle. Je revois son port de reine, sa joie qui illuminait notre maison si austère. Et enfin sa mort, lente, emportant progressivement avec elle ce qui nous restait de bonheur et de lumière.

Je dois confesser que je me reconnais aujourd'hui un peu dans le caractère de mon père. Je me suis pourtant forgé des idées contraires aux siennes, me construisant en négatif par rapport à lui. Il était tout ce que je ne voulais pas devenir, représentait tout ce que je ne voulais pas être.

Mon père le répétait sans cesse avec fierté : il était le dixième enfant d'une famille de dix, né dans une famille du Boucau, banlieue de Bayonne. Comme ses frères, il avait été mobilisé très jeune lors de la Première Guerre mondiale. À son retour, il avait tout essayé pour tenter d'exister. Il se voyait comme un combattant, une sorte de soldat de la vie. À Pessac, il s'est engagé politiquement, pas du tout comme je le ferais plus tard. Il est devenu l'un des proches du maire de la ville, espèce de petit chef local que je voyais se pavaner.

Je dirais que mon père était une sorte de révolté, quand ma mère était beaucoup plus soumise. Elle avait accepté sa condition de femme pauvre, s'était résignée, tandis que mon père continuait d'espérer changer de classe sociale.

Il éprouvait de l'envie plus que de la colère. Moi, déjà petite, j'avais contre mes voisins de la colère et pas du tout d'envie. Je me souviens que je demandais : « Pourquoi ils font ça et pas nous ? », « Pourquoi ils portent ça et pas nous ? », « Pourquoi ils ont ça et pas nous ? » Toutes ces différences me sautaient aux yeux et m'indignaient.

Deux souvenirs lumineux ont sauvé mon enfance : ma mère, bien sûr, et l'école. J'apprenais à lire, j'apprenais tout court. Mon frère et ma sœur, plus âgés que moi, empruntaient des livres à la bibliothèque et, dès que j'ai pu les déchiffrer, je les parcourais moi aussi. Cette soif de savoir que je découvrais alors, je la connaîtrais toute ma vie. Cette nécessité d'apprendre, seul moyen selon moi d'échapper à ma condition, de m'émanciper.

Pour autant, je me rappelle que nous le faisions en cachette : lire nous était interdit ; nous ne pouvions ouvrir nos livres que lorsque mon père était absent ou que nous pouvions nous dérober. Il voyait cela comme une perte de temps, un luxe.

Quand ma mère est morte – j'avais douze ans –, j'ai véritablement pris la mesure de la personnalité de mon père. En me confrontant seule à lui, sans personne d'autre pour me défendre, j'ai pris son autorité de plein fouet. Qu'importe si elle était juste, si elle était violente, si elle était arbitraire, c'était la sienne, celle du père, me restait à lui obéir.

Bien sûr, il veillait à ce que nous ayons les moyens pour survivre. Je me souviens : pendant la guerre, lors des restrictions, il partait toutes les semaines à la campagne, avec son vélo, chez les parents de ma mère, des fermiers. Il rapportait des haricots, des œufs, que ma sœur cuisinait.

Mais tout ce qui concernait le foyer, la tenue de la maison, il ne le prenait pas en charge. Il ne surveillait pas non plus notre éducation. La seule chose qu'il contrôlait était nos sorties. En réalité : il nous surveillait de près, ma sœur et moi, mais il laissait mon frère tranquille. Ce qui avait le don de me mettre hors de moi.

Je passais mon temps à discuter, à me rebeller. Déjà, je ne voulais pas respecter l'ordre établi, puisque je jugeais qu'il s'établissait mal. J'interrogeais mon père, je lui demandais : « Mais pourquoi c'est comme ça ? Et pourquoi pas autrement ? » Mais je n'avais aucune réponse, ni même aucun espace pour en trouver une. Pour une simple raison : mon père n'en avait pas de tangible.

« Mon frère peut bien sortir tout seul !

– Oui, mais c'est un garçon. »

C'est à ce moment-là que ma conscience a dû s'éveiller. À l'instant où je voulais entreprendre, comprendre, les réponses étaient toujours trop courtes.

Je suis certaine que mon engagement politique est venu de n'avoir jamais voulu admettre que certaines choses sont interdites à certains, quels que soient leur classe sociale, leur origine ou leur sexe, quand elles sont autorisées à d'autres.

J'ai compris avec mon père que j'étais une femme et que, en conséquence, je n'avais pas les mêmes droits. Quand, plus tard, on m'a questionnée sur mon engagement féministe, c'est toujours lui que j'ai cité en premier. Je lui dois au moins cela.

J'ai souvent dit de lui qu'il était « instinctivement » machiste. Il portait ce machisme entièrement et aussi simplement qu'il mangeait, parlait ou buvait. C'était simplement un homme de son temps, qui véhiculait avec lui des décennies de misogynie et qui n'avait jamais vu autre chose que la détestation et le mépris des femmes.

Il les utilisait, comme il le fera, après la mort de ma mère, avec ma sœur, en rentrant à la maison avec des amis et les bras chargés de victuailles. Nous n'avions alors pas besoin de parler, l'ordre était clair : il fallait cuisiner pour ceux qui venaient d'arriver. Cela ne choquait d'ailleurs aucun d'entre eux ; nous étions là pour ça.

Quelque temps après la mort de ma mère, mon frère est parti en Allemagne. C'était le début de la Seconde Guerre mondiale et mon père lui avait enjoint d'intégrer le STO, le dissuadant d'entrer dans la Résistance. Les années 1941-1945 furent une période très sombre. Ma sœur prenait entièrement en charge la famille, tandis que mon père s'occupait du ravitaillement. Je cherchais du réconfort, je me sentais seule et l'enseignement ne tenait plus ses promesses. J'ai connu un temps une petite crise « mystique », où j'ai tenté d'être croyante. Mais cela n'a pas fonctionné.

Mon frère est rentré à la fin de la guerre. Et force est de constater que cela ne l'a pas rendu bon. J'étais trop jeune pour comprendre, mais j'en ai déduit que, puisque mon père et mon frère étaient désormais les mêmes, les valeurs que les combats, les batailles et la guerre inculquaient aux jeunes hommes – la force, l'honneur, la hiérarchie, les rangs… – les distanciaient de nous, les femmes.

Les héros c'étaient eux, pas nous. Nous, nous devions les servir. Je m'interrogeais : devais-je glorifier ces hommes qui avaient mené des combats alors même qu'ils m'étaient interdits ?

Sans doute avait-on dû longtemps confiner les femmes à l'abri du monde, de ses violences, de ses risques, pour préserver la survie de l'espèce, mais qu'en était-il à présent ?

J'étais bonne élève à l'école. Une institutrice avait d'ailleurs estimé, l'année du certificat d'études et de la mort de ma mère, que je devais aller au lycée. Mon père a refusé de m'y envoyer. Il aurait pu ; il ne l'a pas voulu.

Mon frère était alors en école pratique, où il apprenait l'ajustage et la mécanique. Ma sœur, qui avait neuf ans de plus que moi et qui elle aussi aurait pu faire des études, avait définitivement remplacé ma mère dans l'intendance et l'entretien de la maison.

Mon père m'a donc fait entrer dans une école professionnelle. J'allais y apprendre la comptabilité et la sténodactylo. Et j'allais garder longtemps contre lui une rancœur amère, de celles qui vous structurent pour toujours.

L'école pratique était située à Bordeaux, je me levais à six heures, prenais un tramway, puis un autre, et enfin je marchais encore quinze bonnes minutes. Je ne m'épanouissais pas, nous ne réfléchissions pas, n'avions pas le droit de poser des questions, mais au moins je m'amusais avec mes camarades.

À ma sortie de l'école, j'ai commencé à être employée dans des maisons de commerce, dans des sous-sols sombres où je tapais et transcrivais. J'y travaillerai durant cinq longues et pénibles années, où j'accumulerai, encore, une colère sourde.

Nous, les femmes, y étions toutes des secrétaires et nous obéissions à des patrons, qui étaient tous des hommes. Nous étions en bas de l'échelle, dans ces petites entreprises familiales de province qui n'excédaient pas trente personnes. J'y ai été témoin des pires comportements et des pires humiliations.

À l'époque où l'on ne se cachait pas pour nous demander des faveurs, le harcèlement sexuel n'était pas encore une notion pour catégoriser ces rapports professionnels. Mais je peux dire une chose : on nous faisait miroiter un autre destin, à condition d'accorder des « privilèges » à nos supérieurs.

Beaucoup de mes collègues croyaient qu'on pouvait échapper à sa condition par le don de son corps. Sauf que, pendant cinq ans, je n'ai jamais connu une seule secrétaire ayant épousé un patron, alors que bon nombre devenaient leurs maîtresses.

J'aurais vieilli dans ces sous-sols, avec ces pratiques qui me dégoûtaient, si je n'avais pas rencontré Pierre Roudy en 1947. C'était lors d'un bal, à la campagne, je m'en rappelle encore, j'avais dix-sept ans et lui dix-huit.

Pierre était, je l'ai déjà dit, un passionné de littérature. Il lisait la nuit. Le jour, il était au lycée et, le soir, il travaillait à la poste. Puis il venait me chercher à la sortie de l'école et m'accompagnait jusqu'à l'arrêt du tramway. Nous nous promenions alors sur les quais, et regardions la Garonne couler tandis que nous discutions.

Pierre aura été ma première bibliothèque. Avec lui, je pouvais parler. Je ne sais pas s'il était féministe, mais je découvrais le premier homme qui m'estimait, qui était curieux de moi, voulait échanger avec moi comme avec tout le monde.

Il me transmettait son savoir, je partageais avec lui le mien. Il me conseillait et m'offrait des livres, me faisait découvrir la musique que je ne connaissais pas. Avec lui, mon monde s'ouvrait et mon horizon s'étendait.

Quelque temps plus tard, il y eut notre mariage puis l'Écosse, l'évasion. Là-bas, Pierre travaillait à sa licence tout en donnant des cours. Moi je me préparais à passer le bac.

Puis nous sommes rentrés à Bordeaux, où j'ai trouvé cet emploi de traductrice pour une entreprise américaine. Quand celle-ci a déplacé ses locaux en région parisienne, nous avons décidé de la suivre. D'une façon générale, nous suivions toujours les opportunités qui nous étaient offertes. Quand les occasions se présentent, il faut les saisir : les plats ne passent pas deux fois.

Ma première chance fut Pierre. La seconde fut Colette Audry, et le Mouvement démocratique féminin, dès 1964.

Je commençai mon investissement militant au sein du club par le lancement d'un journal. Cela me semblait indispensable. Je connaissais trop bien l'importance de l'écrit pour diffuser une pensée au-delà de simples cercles. Je lançai donc *La Femme du* XXe *siècle*.

En plus de mes traductions qui continuaient de tomber, je faisais quasiment tout. J'étais la rédactrice en chef du journal, je trouvais les thèmes, les idées, les formules. J'écrivais les articles, je tapais à la machine, je m'occupais de la mise en page, puis j'allais chez l'imprimeur et vérifiais que tout était en ordre. À l'époque, on faisait tout manuellement. C'était passionnant.

Nous tînmes ce journal trois longues années, ce qui nous força, nous poussa à organiser nos idées, à les questionner avant de les coucher sur le papier.

Je me souviens ainsi du jour où nous avions publié la photographic d'un stérilet. Cela avait fait scandale, nous avions reçu autant de lettres de soutien que d'insultes. Mais au moins, nous comptions dans le débat. Nous pouvions diffuser nos idées et militer.

Et dans le même temps naissait entre nous toutes une complicité rare ; nous étions portées par des espoirs communs, nous organisions la bataille et cela nous rapprochait.

Colette Audry tenait une sorte de « phalanstère » sur l'île d'Oléron, à l'Émerière, une maison qu'elle avait achetée grâce à son prix littéraire. Elle y accueillait des féministes. J'avais commencé à m'y rendre alors que nous traduisions le texte de Betty Friedan, puis j'y retournais rituellement chaque été.

Là-bas, la journée était découpée en tranches : travail intellectuel, travaux manuels et baignades. Le moment collectif était celui du déjeuner : à tour de rôle, nous cuisinions, puis mettions tout en commun.

C'est avec toutes ces femmes que je suis venue à la politique, que je suis passée du féminisme à la politique. Colette Audry était une militante de gauche, antifasciste. Elle avait suivi la guerre d'Espagne et celle d'Algérie. Elle était de tous les combats contre les oppressions et les inégalités.

Marie-Thérèse Eyquem – qui fumait la pipe en cachette ou au sein du club, lorsque nous étions entre nous – était une fervente mitterrandienne avant l'heure. Elle était déjà très proche du futur président et fera tout pour rapprocher notre mouvement de lui, en vue de l'élection présidentielle de 1965.

Si bien que, lorsque François Mitterrand a créé la Convention des institutions républicaines – une fédération de clubs de gauche –, le Mouvement démocratique féminin y est entré en tant que club à part entière, nous donnant ainsi, au sein de l'organisation, un véritable poids.

Pour celles et ceux qui liront ces lignes et qui peut-être n'auront connu de la gauche que ce qu'il en reste aujourd'hui, il sera peut-être difficile de comprendre que cette gauche incarnait alors un immense espoir d'un monde meilleur.

Pour moi qui venais d'une classe sociale des plus modestes, c'était tout simplement un autre monde.

Le Mouvement démocratique féminin a donc participé à la réunification de la gauche. Autrement dit : le féminisme a permis à la gauche de se reconstituer ; une leçon politique pour les temps à venir, j'y reviendrai.

Pour autant, nos premiers opposants, nous les rencontrions au sein même de notre camp. Les hommes de gauche avaient pour la plupart été formés par les mouvements ouvriers qui considéraient le féminisme comme un avatar réservé à la bourgeoisie. Les féministes socialistes ont d'ailleurs été balayées par l'histoire, malgré la critique du patriarcat telle qu'elle avait été formulée par Engels, un des pères du socialisme.

Nous, les femmes politiques de gauche, n'étions pas regardées avec plus de considération, au contraire. La misogynie héritée de Proudhon infestait nos rangs, je le constatais autour de moi. Comme dans les maisons de commerce où les secrétaires restaient les maîtresses des patrons, nos militantes étaient moins reconnues par leurs pairs pour leur pensée ou leurs actions politiques que pour leur corps.

Les féministes ont ceci en commun qu'elles découvrent le machisme grossier chez certains hommes. Je me souviens ainsi de l'affaire Mauriac qui, lorsqu'il avait rencontré Sartre pour la première fois, lui avait dit de Simone de Beauvoir : « Je connais *tout* de votre femme. »

Nous devions combattre au sein du Parti socialiste autant qu'en dehors. Mais au moins, François Mitterrand nous écoutait.

En 1967, je me présentai sur les listes législatives au nom de la CIR dans la circonscription de Meaux-Coulommiers, où je perdis. Puis sous l'étiquette de la Fédération de la gauche démocrate et socialiste, toujours sous la coupe de François Mitterrand, dans le XXe arrondissement de Paris, où j'échouai également.

Même si nous demeurions dans l'opposition, cela ne nous privait pas d'agir, de pousser nos idées féministes afin de les faire accepter par l'opinion. Nous étions convaincues que celles-ci permettraient à la gauche de gagner. Les femmes étaient oubliées de tous les partis, sauf du nôtre. Nous devions œuvrer encore plus.

Ainsi, nous avions convaincu François Mitterrand de se positionner, par une interview dans notre journal, *La Femme du XXe siècle*, en faveur de la contraception – ce qui l'opposera à bien des hommes de la gauche, mais François Mitterrand tint bon. L'acte était suffisamment fort et clivant pour qu'il en fasse ensuite l'un de ses principaux thèmes de campagne. Et même si nous avons perdu les élections, je suis persuadée que c'est grâce à nous que l'idée a progressé dans les esprits des électeurs.

Sans doute est-ce aussi ce qui allait pousser le général de Gaulle à prendre position en faveur de la contraception, avec la loi Neuwirth de 1967.

Petit à petit, nous nourrissions le programme de la gauche. Et les idées féministes investissaient progressivement l'ensemble du champ politique.

Le sexisme n'était pas une idée, pas une théorie. C'était, comme aujourd'hui mais plus encore, une réalité, une force contre laquelle, quotidiennement, nous devions nous battre. À droite comme à gauche, les machistes faisaient la loi. Il fallait donc s'unir régulièrement pour faire front commun.

Après Mai 68, le mouvement féministe s'est scindé en deux. D'un côté, les féministes qui, comme nous, militaient au sein d'organisations. De l'autre, les indépendantes qui rejetaient les organisations traditionnelles. Pour autant, nous nous associions régulièrement. L'union était plus que jamais indispensable.

Au début de 1971, je signai ainsi avec trois cent quarante-deux autres femmes, dont Colette Audry, le « Manifeste des 343 » en faveur de l'avortement. Nous déclarions : « Nous nous sommes fait avorter. » Un acte alors transgressif : l'interruption volontaire de grossesse était interdite et nous encourions la prison en déclarant publiquement que nous l'avions pratiquée.

En juin 1971 a eu lieu le congrès d'Épinay. Le Parti socialiste était créé et je pris aussitôt en charge la formation des militants : j'avais compris que, pour gagner, les socialistes devaient maîtriser les nouveaux organes de communication.

Je m'en occupai pendant deux ans. Mais quand, en 1973, je découvris, scandalisée, que pour les élections pas une seule femme n'était sur les listes socialistes, je décidai de me consacrer définitivement à la lutte féministe et seulement à celle-ci.

Rien que chez nous, au Parti socialiste, il y avait beaucoup à faire. L'organisation héritée de la SFIO était alors une structure rigide, étroite, avec des règles que je qualifierais presque de militaires, et qui ne faisaient que reproduire le schéma de tous les organes politiques existants. Le discours y était raide, strictement langue de bois. Le tout conduit par une majorité d'hommes bien sûr, et seulement quelques femmes, pour qui le féminisme était le diable.

Au final, les membres de l'organisation nouvelle n'étaient que le produit de ce club masculin très verrouillé qu'était alors le pouvoir. Et dans ce milieu profondément viril, les femmes n'étaient que soumises : secrétaires, auxiliaires de comité, etc. En un mot : la reproduction de la société machiste telle qu'elle est.

Voilà pourquoi, au Mouvement démocratique féminin, nous étions les premières à pousser aussi loin le féminisme politique, en réaction contre la culture masculine, violente et dominatrice, et les règles que les hommes imposent dans un univers qui leur appartient. Il faut avoir fait la guerre pour s'y battre de cette façon.

Heureusement, la force prise par le Mouvement démocratique féminin et notre union historique nous permettaient de faire le poids et de nous défendre. Nous étions trois et formions un bloc : Colette Audry, Marie-Thérèse Eyquem et moi. Nous avions compris que la gauche ne gagnerait le combat politique que si les mentalités au sein même de notre parti bougeaient. Pour cela, il nous fallait obtenir des socialistes un engagement, une promesse d'agir contre les difficultés particulières des femmes en tant que telles.

Nous savions que le féminisme était un moteur critique du monde, une analyse efficace et cohérente, une façon complète et humaniste de repenser la société. Les gens de gauche devaient le reconnaître de façon entière et solennelle.

En 1978, trois ans après la loi légalisant l'avortement, après des années de travail et six mois de débat, nous parvenions enfin à faire voter un texte à l'unanimité, à l'inscrire dans la loi du parti : « Le féminisme n'est ni un thème particulier, ni une préoccupation localisée, ni une série de revendications catégorielles. Il n'est rien d'autre que la lutte des femmes contre la discrimination, l'oppression et la surexploitation qu'elles subissent en raison de leur sexe. » C'était une victoire (voir « La longue marche », en fin d'ouvrage).

Le féminisme, depuis 1981, était donc devenu une clef de voûte de la pensée socialiste. Du moins nous le pensions. Le programme de François Mitterrand, sur lequel il avait été élu, regorgeait de mesures, parmi lesquelles, j'y avais veillé, la création d'un véritable ministère des Droits de la femme.

Pourquoi est-ce moi que François Mitterrand a choisie pour prendre la tête de ce ministère ?

J'avais sa confiance, j'étais une lutteuse et surtout j'étais intransigeante. Je n'avais peur de rien, ni des attaques ni des moqueries. Et il savait sans doute que la personne qu'il nommerait allait devoir lui résister.

En 1981, je suis députée européenne depuis trois ans. Je me forme à la politique internationale et travaille jour et nuit. C'est alors que Pierre Mauroy, futur Premier ministre, me téléphone à Lyon où j'avais mes quartiers pour m'annoncer la nouvelle : il me propose de prendre le ministère des Droits de la femme. D'abord, je n'y crois pas, persuadée que Pierre Mauroy est en train de m'annoncer sa propre nomination.

Mais « C'est toi ! » me dit-il enfin.

Les plats ne passent pas deux fois, je l'ai déjà dit. J'ai alors cinquante-deux ans, cela me donne une assise. Ma crédibilité politique est réelle : j'ai milité plus de vingt ans au Parti socialiste, je siège à son comité directeur depuis 1973, j'anime le club Femme 2000, je suis parlementaire européenne depuis trois ans. Et surtout j'ai lu, réfléchi, me suis contredite pour améliorer ma pensée. Je me sens prête, capable d'agir.

Quelques semaines plus tard, je prends mon poste. Mon ministère change de nom et devient celui des « Droits de la femme », pour mettre ainsi les Droits de l'homme de 1789 au service du féminisme.

L'espace de l'ancien ministère n'est pas immense et n'a presque aucune archive. Il faut donc trouver un lieu. Pour cela, on me fait visiter un certain nombre d'immeubles. Je me décide finalement pour un espace de plusieurs étages, avenue d'Iéna, que j'aménage.

Ensuite, j'invente un fonctionnement particulier. Je crée des missions qui fonctionnent essentiellement autour de moi et forment un cabinet. Cela consterne beaucoup les fonctionnaires traditionnels ; cela leur prend, disent-ils, des missions qui leur appartiennent.

Idem pour le décret d'attribution du ministère. La première version qu'on m'avait soumise disait : « Le ministre est chargé de… Il… » J'avais refusé de le signer. Nous avons donc formulé les choses ainsi : « Mme Roudy est chargée de… » Dire « Mme la ministre » était encore impossible. Cela viendrait plus tard.

Puis, aidée par Simone Iff, grande militante du planning familial que j'ai prise comme conseillère technique, je me lance dans une campagne d'information sur l'IVG et prépare son remboursement. Je m'appuie pour cela sur le maire de Pau, André Labarrère, qui est ministre et a une grande habitude du Parlement. J'y reviendrai dans les pages qui suivent.

Enfin vint le 8-Mars, qui a ouvert ce chapitre. L'idée m'en avait été soumise par Christiane Gilles, grande syndicaliste. Depuis des décennies, cette journée nationale était principalement célébrée par les marxistes. Dans la ligne de l'Internationale communiste, la formule avait été lancée par Clara Zetkin, grande révolutionnaire allemande, en 1910 à Copenhague. Son idée était alors de rassembler les ouvrières de tous pays ; la classe sociale avant le sexe, donc.

Le 25 mars 1911, cent quarante travailleuses furent brûlées vives dans l'incendie d'un atelier textile de Triangle Shirtwaist à New York. La Journée internationale des femmes sera l'occasion de leur rendre hommage chaque année. Puis viendra le temps de Lénine, qui consacrera cette journée dans tout le bloc de l'Est.

Depuis les années 1970, la Journée internationale des femmes était reconnue officiellement par les Nations unies. La France était en retard. Nous avons alors décidé d'institutionnaliser cette journée. Nous l'avons récupérée au nom de toutes les femmes de France.

Je n'ai pas oublié mon premier 8-Mars, en 1982. Pour l'événement, nous avions décidé d'inviter quatre cents femmes à l'Élysée. Jamais le Palais n'en avait reçu autant.

Puis, pour rendre hommage à toutes ces femmes que l'histoire avait laissées tomber dans l'oubli, j'organisai l'accrochage, dans le hall de la gare Saint-Lazare, de soixante portraits géants de « femmes ayant marqué l'histoire du féminisme ».

J'étais convaincue, je le suis encore, que l'histoire du féminisme doit être apprise par toutes et tous. La connaissance de ces combats-là est une des voies nécessaires de l'émancipation. C'est aussi pour cela que, chaque année, j'ai obtenu l'émission d'un timbre affichant le visage d'une de ces femmes : Clara Zetkin en 1982, Danielle Casanova en 1983, Flora Tristan en 1984, Pauline Kergomard en 1985, Louise Michel en 1986. Le retour de la droite au pouvoir mettra fin à notre série.

3

Femmes politiques

J'ai lu *Le Deuxième Sexe* au moment de sa sortie, en 1949. À quatre-vingt-dix ans, je peux enfin confesser que, lors de ma première lecture de l'ouvrage, je n'en ai pas pris la mesure. J'avais été touchée par Virginia Woolf, et notamment par *Une chambre à soi*, paru vingt ans plus tôt, et je n'ai pas saisi tout de suite combien l'œuvre de Simone de Beauvoir était de la même importance.

Ce n'est que plus tard, les années et la maturité avançant, que j'ai compris que ce livre constituait en réalité l'analyse fondamentale qui nous manquait pour saisir toute l'injustice de ce rôle secondaire qui nous détermine dès la naissance.

Le Deuxième Sexe est un essai qui prend place dans un vaste projet autobiographique. Mais son intérêt n'est pas là. La puissance de cet essai vient de sa double intention : sociologique d'abord, en faisant un constat aussi large que possible de la situation des femmes ; philosophique ensuite, en démontrant qu'aucun destin n'est tracé, selon le credo existentialiste, et que l'infériorisation des femmes n'est pas immuable. « On ne naît pas femme, on le devient. » Aux femmes donc de prendre leur destin en main.

Le Deuxième Sexe est un livre précurseur qui n'a rien fait pour le devenir. Il a littéralement dépassé autant que déterminé son auteure. Rien ne laissait présager que Simone de Beauvoir deviendrait l'une des inspiratrices de la deuxième grande vague du féminisme outre-Atlantique.

Shulamith Firestone, figure du féminisme radical, lui dédicacera pourtant son légendaire *Dialectique du sexe*, paru en 1970 : « Pour Simone de Beauvoir qui a conservé son intégrité. »

Simone de Beauvoir fut celle qui sut nous ouvrir les yeux sur ce mécanisme, ce système de la domination masculine. Mais aussi sur ce que nous appelons aujourd'hui le « sexisme » – le mot n'existait pas en 1981 –, comportement qui s'apparente au racisme et à l'antisémitisme, dans le mépris de l'autre qu'il faut abaisser sans cesse pour conserver ses privilèges. Sans son *Deuxième Sexe*, aurais-je écrit *La Femme en marge*, ouvrage engagé et militant, paru en 1975 et préfacé par François Mitterrand ?

En 1981, lorsque je prends la direction du ministère, je n'ai encore jamais rencontré Simone de Beauvoir. Mais elle me semble indispensable à cette institution nouvelle. J'ai besoin de sa pensée, de ses lumières. Et je souhaite que ce ministère soit un hommage à celle qui a, entre autres, inspiré douze des cent dix propositions de François Mitterrand, qui concernent l'égalité des sexes.

Comment faire pour la persuader de rejoindre nos équipes et nos missions, la convaincre de m'épauler ? Je connaissais bien les doutes qu'elle professait à l'égard de tout ce qui était étatique, institutionnel. Et je n'étais pas sans savoir qu'elle nourrissait peu de considération pour les politiques comme moi.

Depuis ma traduction de Betty Friedan, Colette Audry était devenue mon amie. Et celle-ci évoluait entre diverses sphères, celle de la politique comme celle des milieux littéraires. Elle côtoyait ainsi régulièrement l'auteure du

Deuxième Sexe. Je l'ai donc chargée de défendre ma cause. Je n'ai pas eu tort.

Mes premières rencontres avec Simone ne furent pas des plus amicales. J'essayais de lui expliquer comment j'allais passer à l'acte, que j'allais tenter d'éviter les compromis afin d'appliquer les théories du Mouvement démocratique féminin, toutes nos théories restées jusqu'alors à l'état de projets.

Mais je continuais de ressentir sa méfiance à mon égard : c'était une intellectuelle, elle me percevait comme la militante d'une organisation, prête à faire des concessions car portée par l'intérêt particulier plus que général.

Il lui fallut du temps pour comprendre que je n'étais pas de cette trempe-là, que je n'avais rien à partager avec ces hommes, de carrière plus que d'idées. Le jeu de la politique, moi, je n'y jouais que pour y défendre nos droits.

Simone de Beauvoir était plus proche des réseaux dits « radicaux » que réformistes, et à l'époque ces deux féminismes s'affrontaient encore. Les premiers refusaient d'entrer dans des organisations majoritaires, les seconds utilisaient ces organisations en se pliant à leurs règles. Mais Simone de Beauvoir et Jean-Paul Sartre s'opposaient à toute affiliation à quelque groupe politique que ce soit.

C'est finalement notre objectif commun – les droits de la femme – qui a eu raison de ses réserves et qui a permis à notre amitié de naître.

En 1981, elle finit ainsi par se laisser convaincre de participer à une commission chargée de dresser un état des lieux en matière des droits des femmes en France, sans y prendre de responsabilités, ce qu'elle ne voulait pas.

Elle prit en outre rapidement l'habitude de se rendre une fois par semaine dans nos locaux de l'avenue d'Iéna. De temps à autre, elle acceptait aussi mes invitations à dîner à la maison, et je la faisais prendre et ramener chez elle à chaque fois. Elle était alors au centre des convives, dont elle décidait parfois de la liste. Aucun sujet n'était jamais à l'ordre du jour, nous improvisions autour des thèmes qui nous mobilisaient autant que nous riions de nos aventures et de nos mésaventures. Nous les féministes, que l'opinion dépeignait comme des femmes aigries et colériques, plaisantions, nous amusions et partagions chacun de ces instants de bonheur pur.

De ces dîners, de ces discussions, je ressortais toujours enrichie et joyeuse. L'optimisme, la joie permanente de chacune d'entre elles étaient aussi étonnants que salutaires. Nous en avions terriblement besoin. Il allait falloir beaucoup d'amitié et d'affection partagées pour faire face aux vagues de haine qui se préparaient.

Combien Simone de Beauvoir était loin de la réputation que les uns et les autres lui faisaient, les femmes célèbres étant souvent dépréciées. Je découvrais avec elle, Colette Audry, Marie-Thérèse Eyquem et bien d'autres combien le féminisme nous rendait heureuses. C'était l'occasion renouvelée de construire ensemble, avec des valeurs de partage et de solidarité plus que d'ambition et de carrière. Ces rencontres nous transformèrent toutes ; il y eut un avant et un après.

Je me souviens ainsi des déjeuners que je partageais en tête à tête avec Simone de Beauvoir. Mon « altérité » l'intéressait : elle me posait des questions intimes, cherchant à me connaître autant qu'à me comprendre, comme si j'étais un de ses objets d'étude. Mon enfance, mon passé, mes croyances, ma construction politique… nos différences étaient des moteurs de transformation.

Michelle Coquillat, Colette Audry, l'historienne Madeleine Rebérioux, la sociologue Madeleine Guilbert, Christiane Gilles, Simone Iff et tant d'autres… nous formions avec toutes ces femmes fortes, brillantes et engagées dans le ministère une société, un groupe solide et atypique. Il n'y avait aucune place pour les stratégies et les coups bas, nous étions entièrement dévouées à notre mission.

Le premier combat, je l'ai déjà dit, devait être celui du langage, du savoir, de la communication. Nous voulions faire passer dans le discours public les sujets traitant des femmes et de la sexualité qui étaient encore tabous. Quant aux savoirs et aux connaissances, ils devaient permettre à la femme de maîtriser ses droits et lui donner les outils théoriques nécessaires à son émancipation. De fait, nous ne voulions pas nous contenter d'animer les secteurs traditionnels, tels que les affaires sociales, la santé ou la formation professionnelle.

Dès 1982, je charge ainsi deux intellectuelles, Madeleine Rebérioux et Madeleine Guilbert, de rédiger un rapport qui fera date et constituera le socle de toutes nos réformes : *Les Femmes en France dans une société d'inégalité*. Il s'agit de graver dans le marbre, afin que cela ne puisse plus être sujet de débat ou de controverse, que les Françaises souffrent d'inégalités criantes et ce dans tous les domaines.

Dans la même ligne, je lance très rapidement la publication d'un *Guide des droits des femmes*, d'un peu moins de cent pages, afin d'inciter les femmes à jouir des droits dont elles disposent déjà, notamment la contraception. Je finance aussi une campagne nationale de publicité, grâce aux moyens de communication de masse. La cinéaste Agnès Varda réalisera le spot en question et, dès 1981, chaque soir, les téléspectateurs pourront le visionner sur le petit écran à une heure de grande écoute. Enfin, j'ouvre un centre d'information sur les droits des femmes à Paris, dans le XIIe arrondissement, où sont distribuées des plaquettes du ministère : « Contraception, informez-vous. Aujourd'hui chacun doit pouvoir choisir ».

Pour cette bataille de l'information, je m'entoure de femmes de la société civile, et notamment de Simone Iff et Christiane Gilles. Je romps ainsi avec la sphère close des politiques où tout n'est qu'affaire de réseaux. Je me défais en outre des services de communication institutionnels, et pour cause : la gauche jugeait ces spots inutiles ; selon elle un message radiophonique aurait amplement suffi. Ce qui était faux : la radio aurait simplement permis de rester plus discret.

J'avais compris que le combat des femmes devait se passer au niveau du discours. Tant que nous n'étions pas présentes dans le langage, nous n'aurions pas d'existence de plein droit. Il fallait qu'on étudie notre condition, qu'on organise des rencontres, des conférences, des débats. Que les femmes deviennent le sujet moteur de tout avancement. Qu'elles maîtrisent intellectuellement leur histoire, leur condition, l'ampleur des effets de la domination masculine sur elles.

Ainsi, en sus des campagnes, il fallait éduquer, financer les recherches et les réflexions, organiser des colloques, modifier les livres scolaires et en éradiquer les stéréotypes rétrogrades. J'allais tenter ainsi de créer des centres d'études féministes dans toutes les universités. Je n'obtins que la création de trois postes.

En 1982, je proposai à Simone de Beauvoir de présider la commission « Culture et recherche » que Michelle Coquillat venait de mettre sur pied. Mais elle refusa une nouvelle fois ces responsabilités, par une lettre que je garde encore aujourd'hui bien précieusement, comme le reste de notre correspondance.

La lettre est pour « Madame le Ministre » : « [...] en toute conscience, je ne peux pas accepter le rôle que vous me proposez. [...] J'espère que vous me comprendrez et que vous ne m'en voudrez pas. »

Depuis la loi Veil, une avancée incontestable, les femmes avaient en charge le poids financier de l'IVG. Seules celles qui en avaient les moyens pouvaient se rendre à l'étranger, puis la pratiquer en France quand cela fut autorisé. C'est cet argument, qui mettait en évidence une inégalité criante, que j'ai utilisé pour convaincre le président. Il fut efficace.

Au ministère, nous étions toutes favorables au remboursement total de l'IVG. Mais cette mesure irritait les hommes au pouvoir. Qu'ils soient religieux, politiques, de droite ou même de gauche. Je les entends encore : « Ce n'est pas à l'État de payer pour leurs erreurs [celles des femmes] ! », « L'avortement ne doit pas devenir un moyen de contraception ! », « Si on rembourse tout, les femmes ne seront jamais responsables d'elles-mêmes ! »

En bref, si l'avortement était remboursé, les femmes en abuseraient et n'en tireraient aucune leçon ! Inutile de préciser que jamais, dans ces débats, n'étaient évoqués la masculinité, le refus des hommes de se protéger, le préservatif et ses possibles défaillances. Non, tout était, comme le disait le titre de mon ouvrage paru en 1982, « à cause d'elles ».

Les débats pour le remboursement étaient mal engagés. Monseigneur Lustiger faisait pression sur l'Élysée. Je faisais donc moi aussi le pied de grue devant le bureau du président ; je n'avais rien à perdre, les femmes si. J'étais prête à tout, il s'agissait bien de justice sociale et c'était alors l'essence même d'une politique de gauche.

Devant mon insistance, au bout de trois mois, François Mitterrand a finalement cédé, avec néanmoins un bémol : le remboursement serait partiel – 70 % au lieu de 100 %. Ce fut malgré tout une victoire pour nous.

Et les hommes et les femmes qui s'y étaient opposés farouchement furent étonnés de constater que le nombre d'avortements pratiqués n'augmentait pas depuis la loi.

Après la connaissance des droits et le remboursement de l'IVG, la troisième grande mesure que nous avons défendue fut celle de l'égalité professionnelle. Au début des années 1980, bien plus qu'aujourd'hui, l'autonomie financière des femmes était un véritable enjeu. Les femmes venaient d'entrer massivement sur le marché du travail, mais gagnaient considérablement moins que les hommes. Pour celles qui percevaient des revenus propres, ce n'était pas suffisant. Elles dépendaient presque entièrement de leurs maris. La loi sur l'égalité professionnelle s'imposait pour y remédier.

Celle-ci faisait partie des cent dix propositions de François Mitterrand. Dite « loi Roudy », elle interdisait de refuser une embauche, une promotion, une formation en raison du sexe. En cas de conflit entre un salarié et son patron, il revenait au patron d'apporter la preuve de ses arguments et non l'inverse, comme c'était le cas précédemment.

Par ailleurs était introduite dans la loi la notion de « mesure de rattrapage » au seul bénéfice du groupe incriminé. Autrement dit : l'employeur était désormais contraint de présenter au comité d'entreprise un rapport écrit faisant apparaître les situations comparées des hommes et des femmes dans l'entreprise. À partir de celui-ci, des plans d'égalité professionnelle devaient être mis en place afin de corriger les situations d'inégalité constatées.

La loi fut votée mais je n'en restai pas là. En plus d'elle, je tentai de déconstruire les liens entre genre et profession, et ce dès l'école primaire. J'avais recensé plus de trois cents métiers dits « de garçons » et trente dits « de filles », et je décidai de financer des campagnes d'information pour pousser les élèves à prendre toutes les directions professionnelles. Je créai aussi des bourses spécifiques pour que les filles rejoignent des écoles d'ingénieurs.

J'ouvris par ailleurs la police aux filles, grâce au soutien de Gaston Defferre, faisant supprimer le principe de l'exception dans les concours, qui les en excluait. Une de mes plus grandes émotions fut de voir les premières femmes officiers quitter diplômées la rue Saumur. J'ai déjà évoqué une anecdote amusante à ce propos : les membres d'un syndicat de police me racontant que le seul problème serait finalement les femmes des policiers, qui n'aimeraient pas voir leurs maris patrouiller avec de jeunes policières.

Droits, contrôle des naissances, travail : nous tentions d'avancer sur tous les fronts. Notre ministère était inédit, actif, moteur de réformes. Il développait une nouvelle approche de la question des femmes à travers la notion de « droits », bien différente de celle de « condition », moins sentimentale, moins pathétique. Juste politique.

Mais cela faisait d'autant plus peur : nous représentions, à nous toutes, un véritable risque, une menace, même pour les plus chevronnés des socialistes à qui nous avions pourtant permis d'être élus. Il est ainsi arrivé à leurs attaques d'entamer la confiance même que le président m'accordait.

Le récit de ce ministère n'est pas qu'un conte de fées. Contrairement à ce qu'on veut nous faire croire, le nouveau monde n'existe pas. Quand un paquebot change brutalement de direction, il prend son temps, il est parfois menacé par des courants et des vents contraires. Des tempêtes inattendues.

Sans doute, dans l'ivresse heureuse des débuts de mon mandat, ai-je oublié un moment la puissance du machisme que nous affrontions. Une nouvelle loi, mon dernier grand chantier, allait pourtant me le rappeler. Et faire basculer notre ministère dans la partie la plus sombre de son histoire.

La mobilisation de Simone de Beauvoir en faveur d'une loi antisexiste date des années 1970. Le lundi 19 mars 1979, dans *Le Monde*, elle publiait ainsi une tribune intitulée : « De l'urgence d'une loi antisexiste ». Celle-ci s'ouvrait sur l'acquittement, par la cour d'assises des Yvelines, de M. Leber, coupable d'avoir tué sa femme, la rouant de coups et la laissant « toute la nuit agoniser sur le carreau de la cuisine ».

« Ce que nous mettons en cause, ce sont les motivations sexistes qui ont conduit à cet acquittement. Pour avoir cassé quelques vitres, des jeunes gens sont condamnés à de la prison ferme. Pour avoir tué son épouse, M. Leber ne subira aucune peine […]. » Autrement dit : la violence de M. Leber n'était pas anecdotique ; elle était symptomatique d'une domination, d'une violence proprement masculines et d'une vision de la femme qu'il faudrait éliminer à sa source : la culture.

Selon Simone de Beauvoir, le seul moyen d'agir profondément contre les violences faites aux femmes, c'était donc de changer les mentalités et la culture. « Nous voudrions agir sur les mentalités masculines rendues agressives contre les femmes par tout l'environnement culturel :

affiche, pornographie, littérature. Une loi antisexiste nous permettrait de dénoncer devant l'opinion publique chaque cas de discrimination sexiste. On créerait à long terme un réflexe antisexiste qui aurait évité la mort à Mme Leber. »

Elle terminait, exprimant avec ses mots le fondement de la loi que j'allais tenter de porter : « Pour que les femmes puissent préserver à court terme leur vie et leur dignité, pour que, à long terme, la violence des hommes ne soit plus qu'un mauvais souvenir, il suffit de rajouter à la loi antiraciste un petit mot, le mot “sexe”. »

La loi antisexiste devait permettre aux associations féministes de déposer plainte lorsqu'elles jugeaient qu'une publicité affichée sur la voie publique portait atteinte à la dignité de la femme.

Raconter la vague de haine qui s'est abattue sur moi ne servirait à rien, mais il convient d'en prendre la mesure.

Si tous, soutiens et opposants à la loi, étaient d'accord pour reconnaître l'image dégradante de la femme dans la publicité, sous couvert d'humour et de désir, le droit de réponse et les répressions qui pourraient s'ensuivre ont provoqué une levée de boucliers et de violences que je n'avais pas anticipée. La presse s'est déchaînée contre moi, ma personne, mon être entier et mon corps. Tout y est passé.

Pour parler de cette époque, je dis que « le ciel des machos m'est tombé sur la tête ». Je proposais d'arrêter d'utiliser le corps des femmes pour vendre des produits qui n'avaient rien à voir avec lui, et on me traitait de tyran qui menaçait la liberté d'expression, de puritaine réactionnaire. Et tout cela principalement depuis mes propres rangs idéologiques. (Le lecteur pourra faire le lien entre les critiques qui m'ont été faites et celles qui ont été formulées à l'égard de Denise Bombardier après qu'elle a dénoncé les textes de Gabriel Matzneff, critiques rapportées par Vanessa Springora dans *Le Consentement*.)

Utiliser le corps des femmes c'était cela, pour eux, la liberté. Et le gouvernement qui me soutenait au départ m'a lâchée quand son électorat masculin s'est dressé vent debout contre moi. Il fallait abandonner la loi.

Simone de Beauvoir m'a soutenue. Dans son article publié dans *Le Monde* le 4 mai 1983, elle tentait d'apaiser les haines : « Pourquoi les femmes ? Parce que ce sont elles qui sont en question ; ce sont elles dont la pub, pour vendre ses produits, propose des images avilissantes. Jamais un homme. Sauf, autrefois, des Noirs. Mais la loi antiraciste a rendu impossibles des “Banania-y’a bon” de mon enfance. On nous dit que les lois ne peuvent rien, que le racisme est demeuré aussi vivace depuis la loi antiraciste. Il y a mille raisons pour qu’il n’ait pas désarmé. Du moins ne s’exprime-t-il plus tout à fait impunément. Certaines affiches ont disparu de nos murs. À la suite de quelques procès, les cafetiers n’osent plus refuser de servir des “bicots” ou des “nègres”. Une loi ne change pas du jour au lendemain les mentalités, d’accord. Mais elle contribue à les former. »

Simone de Beauvoir m’a soutenue, les femmes de mon ministère aussi. Mais le Parti socialiste, à l’heure qu’il est, n’a toujours pas fait son mea culpa – sauf *L’Unité*, organe minoritaire du PS, sous la plume de Nicole Chaillot.

L’abandon de la loi antisexiste fut l’échec le plus dur à accepter. L’échec qui, j’y reviendrai en conclusion, me pousse à encourager les jeunes générations à agir autrement que nous l’avons fait.

Cela a fonctionné, un temps seulement, mais pas assez longtemps. Pour mémoire, la loi sur l'égalité professionnelle n'est aujourd'hui pas appliquée ; les femmes ne sont donc pas protégées sur leur lieu de travail. Aucune politique incitatrice ne les aide à espérer une meilleure condition professionnelle.

Un semblant d'institution – un secrétariat des Droits de la femme – fut ensuite « remonté » par Michel Rocard en 1988, mais rien, jamais, n'aurait plus à voir avec notre aventure.

Véritable vivier de son époque, notre ministère, qui a inspiré des femmes et des féministes à travers le monde et donné même naissance à un néologisme en anglais – *femocrat* –, n'existe plus. C'était un espace des possibles, qui a depuis été absorbé, mangé. La grande heure du féminisme politique s'en est allée avec nous.

Les partis, les institutions, les organisations politiques sont des espaces sauvages, dans lesquels n'existe aucune règle, aucune loi. Lorsque vous y êtes maltraitée, humiliée en tant que femme, aucun tribunal ne vous permet de porter plainte.

En cela, la politique n'est donc pas un milieu civilisé. Et dans cet état de non-droit, où seule règne la loi du plus fort, monde guerrier construit par les hommes pour les hommes, les femmes peinent à trouver leur place. Tout y est toujours plus difficile pour elles. Il faut qu'elles fassent leurs preuves, qu'elles soient plus résistantes au sarcasme, à la dérision. À tout.

Au ministère, nous nous conduisions *bien*, avec une véritable éthique politique, nous ne faisions pas de coups bas, n'élaborions pas de stratégie mauvaise ou maligne. Nous travaillions en collectif avec des idéaux. Pas de star-system, pas de figures écrasantes, juste du travail et des idées. En cela aussi nous portions quelque chose de précieux et de différent.

La politique pouvait se faire autrement, c'est aussi ce que nous prouvions aux hommes qui détenaient le pouvoir. Et c'est ce qu'ils n'ont pas apprécié.

En 1986, je fis campagne sous l'étiquette du Parti socialiste dans le Calvados, où je me ferai élire. En 1989, je fus maire de Lisieux, jusqu'en 2001. Malgré mes déceptions et mes adversaires, j'ai jamais quitté le Parti socialiste, jusqu'à tout récemment, il y a trois ans. Je décidai ainsi de soutenir la campagne de Ségolène Royal en 2007, avant l'élection de François Hollande de 2012 et l'atomisation complète de la gauche.

En 2007, j'ai pu constater que les socialistes n'avaient tiré aucune leçon de leurs échecs. Un souvenir : un jour que j'avais quitté le quartier général de campagne de Ségolène, où nous travaillions tous d'arrache-pied, pour rejoindre le siège du Parti socialiste, rue de Solférino, j'ai été stupéfaite de découvrir les locaux vides ; une preuve, parmi d'autres, que les premiers opposants de Ségolène étaient les socialistes eux-mêmes, militants et dirigeants.

De qui avaient-ils peur ?

Et d'une façon plus générale de quoi les hommes ont-ils peur ?

Les femmes ne rêvent pas de prendre leur place, elles aimeraient seulement vivre bien, vivre mieux, partager. Et elles sont la moitié de l'humanité.

Un parti des femmes

Avoir quatre-vingt-dix ans aujourd'hui est une forme de luxe. Égoïstement, je sais que mon âge me permettra d'éviter les crises les plus difficiles que l'humanité s'apprête à affronter.

Dans les journaux, des économistes s'accordent à évoquer un effondrement à venir. Des climatologues signent régulièrement des tribunes écologistes alarmistes. Des sociologues attestent des écarts stupéfiants qui se créent entre les classes sociales.

Notre modèle arrive à son terme.

Le monde que nous avons construit, tel qu'il est, n'assure plus à l'humanité sa pérennité.

Je ne cherche pas le coupable, mais ce monde, en vérité, qui l'a conçu ? Sous l'impulsion de qui avons-nous conquis sans cesse de nouveaux territoires, élaboré nos institutions politiques, hiérarchisé les « races », développé plus de technologies industrielles ?

La réponse est simple : sous l'impulsion des hommes. Les femmes ont été exclues des zones de pouvoir, des sphères de décision, des conquêtes, des armées… bref, de tout sauf de la sphère privée, et ce depuis des siècles.

Le travail, la construction des villes, les guerres, la production et la consommation : les hommes ont eu le contrôle de tout. Ils ont modelé notre école, notre architecture, notre politique, nos outils. En un mot : notre histoire. À part quelques exceptions, ce sont les hommes qui ont imaginé, dessiné, fabriqué ce qui nous entoure puisqu'ils ont presque de tout temps possédé l'ensemble des moyens de décision et de production.

Je ne dis pas que c'est là une faute, je dis que c'est un fait. Notre monde est construit en vue de la puissance des hommes et par celle-ci. Prenons la mesure de ce qui nous entoure : l'ensemble de ce qui nous lie est l'expression de la pensée masculine.

Mais ce modèle est maintenant arrivé à sa fin. Il nous menace tous, quels que soient notre sexe, notre classe sociale ou notre origine culturelle. Les crises que nous nous préparons à affronter sont aussi le fruit de ce monde qui tourne mal, contrôlé par une poignée d'hommes.

Allons-nous laisser cette minorité dirigeante nous mener à notre perte ?

Non, il revient maintenant à tous ceux qui ont été laissés pour compte, relégués à la marge par le système de questionner la norme, le centre.

L'éveil et l'action des marginaux, notamment des femmes, pourraient bien devenir la poussière dans l'engrenage qui cassera la machine infernale. En refusant de jouer le rôle qu'on leur a assigné, en prenant conscience de la puissance qu'elles détiennent, les femmes pourraient bien faire basculer l'ensemble. Pour citer Virginia Woolf dans *Une Chambre à soi* : « Jeunes femmes, […] vous n'avez jamais ébranlé l'empire ou mené une armée à la bataille […]. Quelle est votre excuse ? »

Le mouvement des femmes n'est pas qu'une lutte annexe, je le répète. Il est aussi et surtout une autre façon profonde de voir le monde, de penser le monde, le rapport aux autres, à l'espace…

En cela, il est absolument salutaire.

J'ai toujours pensé que nous, les féministes, devions intégrer les grands partis et les modifier de l'intérieur. C'est sur ce modèle que nous avions, en 1981, construit notre ministère.

Notre échec et la situation actuelle me poussent à voir les choses autrement : l'urgence est trop grande pour cette stratégie de longue durée.

Il faut repartir de la base, repenser la politique autrement, dès ses fondements. Pour cela, je conseille aux jeunes générations non pas de faire du féminisme avec les outils traditionnels, pensés et créés par des hommes, mais plutôt de créer leurs propres outils.

Le premier et le plus fondamental : un parti politique. Les femmes soucieuses de leur condition et les hommes qui les soutiennent doivent s'allier pour créer une organisation qui questionne le fonctionnement de la société.

Il existe déjà un parti écologiste, qui fait de la défense de la planète le moteur pour repenser le monde. Il importe désormais que se crée un parti qui fera du féminisme le moteur pour repenser tout ce qui nous entoure : notre rapport au travail, à la planète, à la domination, aux inégalités ; nos pouvoirs et nos institutions ; notre présidence, celle du chef absolu, dominant des dominants.

Notre Ve République ne favorise pas l'entrée des femmes en politique. Elle est conçue pour servir un chef de guerre. La présidentielle est l'élection qui domine toutes les autres.

Il conviendrait de diminuer les pouvoirs du chef de l'État afin de faire de cette fonction un siège moins convoité, en rehaussant par exemple les responsabilités du Parlement : les contre-pouvoirs seraient plus divers, nombreux et puissants. Et surtout, ils seraient investis par des femmes.

Prenons par exemple le rapport au travail : la carrière et sa réussite suivent des jalons et un modèle masculins. Quitter le foyer, se consacrer au bureau, à l'entreprise, à la production sont les marqueurs d'une réussite sociale.

Dans un monde où la révolution technologique remet en cause le travail, ne pourrait-on pas au contraire valoriser un autre modèle ? Valoriser la solidarité et l'entraide plutôt que la carrière ? Valoriser les femmes et les hommes qui militent, pensent et créent pour un monde plus juste plutôt que ceux qui veulent à tout prix monter dans la hiérarchie d'une entreprise ?

Tout reste à faire, le monde égalitaire reste à créer. Et pour cela, il faut faire de la politique. C'est ainsi que nous vivrons mieux ensemble, c'est aussi ce qu'il y a de plus exaltant, la dernière aventure qui vaille la peine aujourd'hui.

Un monde moins inégalitaire est encore possible. Pour cela, il faut lutter sans cesse, s'investir et créer de nouveaux espaces de bataille. Il faut créer ce parti à majorité de femmes que j'appelle de tous mes vœux. Mais il faut aussi apprendre, lire, se cultiver, s'émanciper. Les réformes actuelles ne suivent pas la marche du progrès de l'humanité. Le secrétariat aux Droits de la femme est aujourd'hui une coquille vide, sans moyens ni ambitions. Quelles avancées féministes a-t-on vues depuis l'élection du nouveau président de la République ?

Quant à l'Éducation nationale, a-t-elle intégré dans ses réformes l'étude de l'histoire des femmes ? Un guide à destination des jeunes garçons et filles, qui leur apprendrait les fondamentaux des violences et des inégalités, ne serait-il pas un moyen de limiter, à l'avenir, les féminicides ?

Pourquoi prétendre que cette réforme actualise l'Éducation nationale quand elle ne va toujours pas sur ces terrains ?

Le féminisme, n'était-ce pas la grande cause affichée du quinquennat en cours ? Qu'est-il d'autre, en fait, pour lui, qu'un outil de communication ?

Qu'est-il d'autre qu'un leurre ?

Remerciements

Je remercie Salomé Viaud qui a eu l'idée de ce livre et m'a interrogée, ainsi qu'Élisabeth Laureau-Daull qui, par ses corrections, a permis à ce livre de paraître.

La longue marche

Charte réalisée par Yvette Roudy en 1971, à l'époque où elle était secrétaire nationale du Parti socialiste

1389

Christine de Pizan, poète, écrit *Épître à Jean de Meung*, *La Cité des dames*, *Le Trésor de la cité des dames*.

1791

Olympe de Gouges publie la *Déclaration de la femme et de la citoyenne*.

1787-1792

Mary Wollstonecraft publie *Thoughtson the Education of Daughters* (Pensées sur l'éducation des filles) et *Défense des droits de la femme*.

1843

Flora Tristan publie *L'Union ouvrière*.

1848

Eugénie Niboyet crée à Paris le premier journal pour les femmes, *La Voix des femmes*.

1850

Jeanne Deroin et Pauline Roland fondent l'Association des instituteurs, institutrices et professeurs socialistes. Elles essaient de fédérer les associations ouvrières dans l'Union des associations de travailleurs. Cette tentative leur vaut la condamnation et la déportation.

1857

Naissance à Wiederau de Clara Eisner Zetkin, journaliste. Elle travaillera à l'organisation du mouvement féminin international prolétaire.

1866

Au Royaume-Uni, John Stuart Mill réclame le droit de vote pour les femmes.

1869

À Lyon, les travailleuses de la soie se déclarent en grève pour obtenir un salaire de deux francs par mois et deux heures de travail en moins. À cette occasion elles adhèrent à la première Internationale des travailleurs.

1871

Le peuple de Paris se soulève contre le gouvernement Thiers. Depuis la Commune de Paris Louise Michel en est le symbole.

1871

Naissance à Zamosc de ROSA LUXEMBOURG, théoricienne du marxisme. Elle écrira : *Réforme sociale ou Révolution* et *L'Accumulation du capital.*

1872

Naissance à Saint-Pétersbourg d'ALEXANDRA MIKHAÏLNOVNA KOLLONTAÏ. Pendant la révolution d'Octobre elle deviendra la première femme ministre. Les grands thèmes de sa lutte seront la discrimination culturelle et la dépendance sexuelle que l'homme impose à la femme.

1876

Les ouvrières de New York manifestent pour l'égalité des salaires masculins et féminins.

1879

En Allemagne, AUGUST BEBEL publie *La Femme et le Socialisme.*

1897

MARGUERITE DURAND fonde le journal *La Fronde*, entièrement rédigé, administré, imprimé par des femmes.

1903

EMMELINE PANKHURST crée l'Union sociale et politique des femmes au Royaume-Uni. Elle organise plusieurs manifestations, à l'issue d'un meeting avec Christabel Pankhurst et Flora Drummond.

1915

En Suède, Ellen Key revendique l'information sur le contrôle des naissances et une aide sociale aux mères célibataires.

1926

Publication de la thèse de Marguerite Thibert, *Le Féminisme dans le socialisme français de 1830 à 1850.*

1936

Le Front populaire prend dans le gouvernement de Léon Blum trois femmes comme sous-secrétaires d'État, bien qu'elles n'aient pas encore obtenu le droit de vote.

1939-1945

Les femmes participent à la Résistance et à la lutte contre le nazisme. Berty Albrecht en est l'une des figures.

1949

Simone de Beauvoir publie *Le Deuxième Sexe.*

1956

Création en France du planning familial.

1962

L'Algérie acquiert son indépendance grâce aussi à la lutte des femmes dans le FLN. Un nom pour toutes : DJAMILA BOUPACHA.

1963-1970

Aux États-Unis, BETTY FRIEDAN publie *La Femme mystifiée*. KATE MILLETT publie *La Politique du mâle*.

1978

En France, la convention nationale du Parti socialiste adopte un « Manifeste des droits des femmes ».

1979

Les femmes manifestent à Téhéran contre l'obligation de porter le voile.

pca
cmb
édition pré-presse
livres numériques

44400 Rezé

MIXTE
Papier issu de
sources responsables
FSC® C003309
FSC
www.fsc.org

L'Éditeur de cet ouvrage s'engage
pour la préservation de l'environnement
et utilise du papier issu de forêts gérées de manière responsable.

Cet ouvrage a été achevé d'imprimer en février 2020
sur les presses de Normandie Roto Impression s.a.s.
61250 Lonrai (Orne)
N° d'édition : 60063/01 - N° d'impression : 2000591

Imprimé en France